UN MOT

SUR

L'AFFAIRE D'HAÏTI.

PAR UN INTÉRESSÉ

DANS L'EMPRUNT NÉGOCIÉ A PARIS, PAR CETTE RÉPUBLIQUE,
EN **1825**.

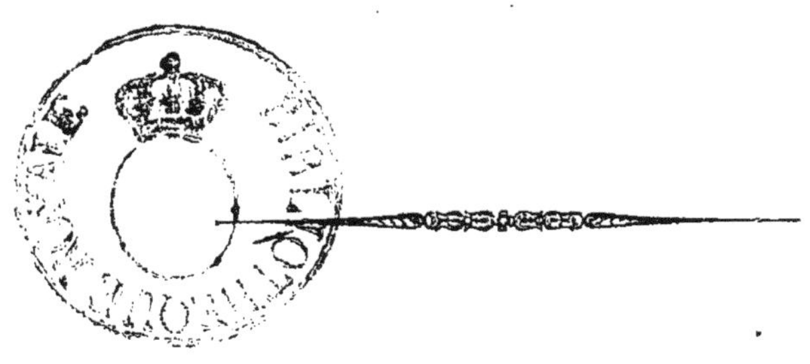

PARIS.

A LA LIBRAIRIE DU COMMERCE,

CHEZ RENARD, RUE SAINTE-ANNE, N° 71.

JUILLET **1832**.

Imprimerie de J.-L. BELLEMAIN, rue St-Denis, n° 268. à Paris.

UN MOT

SUR

D'AFFAIRE D'HAÏTI.

Le *Journal du Commerce* a publié successivement,
dans ses numéros des 24 mai et 12 juin derniers,
deux lettres de son correspondant d'Haïti, datées du
Port-au-Prince, le 30 mars et le 29 avril de cette année; ces lettres exposent la situation précaire des
Français établis dans ce pays, et paraissent avoir pour
objet d'attirer sur eux et sur nos relations commerciales avec cette île, la sollicitude de notre gouvernement; le correspondant du *Journal du Commerce* est
d'avis qu'une mesure énergique de la part de la
France serait un moyen efficace pour amener un arrangement définitif; le moment serait opportun, selon lui, pour mettre cette mesure à exécution : il
représente, d'une part, le gouvernement d'Haïti comme
s'étant placé dans une fausse position; ayant le sentiment de ses torts envers la France et redoutant sa
juste colère; et, d'un autre côté, la population indi-
gène et celle étrangère, témoignant hautement leur
mécontentement de cet état de choses ; « Un peu d'é-

» nergie, dit-il, et tout s'arrangera. Il faut ne deman-
» der que des choses d'une exécution possible, mais
» ensuite les exiger avec fermeté ; tout céderait à des
» propositions basées sur l'équité et appuyées de la
» ferme volonté d'arriver à une conclusion que le
» gouvernement d'Haïti élude depuis sept ans. »

Mais quelles propositions la France peut-elle faire encore au gouvernement d'Haïti? N'est-ce pas la France qui, la première, a tendu la main à son ancienne colonie ; qui, plus tard, a consenti à reconnaître son indépendance, son existence politique même ; qui a traité avec elle d'égal à égal? et que peut-elle? que doit-elle encore lui proposer après le refus fait par le gouvernement de ce pays de ratifier le dernier traité conclu le 2 avril 1831, par son commissaire à Paris, et revêtu de la ratification du Roi? traité qui porte l'empreinte d'une bienveillance particulière et de la sympathie même de la France pour la république d'Haïti. La France n'aurait-elle donc pas suffisamment prouvé qu'elle avait à cœur de terminer cette affaire? n'aurait-elle pas fait toutes les concessions commandées par les progrès du temps et des lumières, et par les nécessités résultant de ces progrès? Sans doute, ni l'honneur, ni la dignité de la France n'auraient été compromis par plus de condescendance encore et plus de longanimité ; mais le gouvernement pouvait-il sacrifier les anciens propriétaires du sol, dont les intérêts avaient été garantis par l'ordonnance royale d'émancipation du 17 avril 1825? Il ne le pouvait pas ; il ne le devait pas, et, cependant, si le traité du 2 avril 1831 s'écarte des bases posées par cette ordonnance , c'est pour donner au gouvernement d'Haïti des facilités qui imposent de nouveaux sacrifices à ces anciens propriétaires.

Les Français établis à Haïti, ou qui commercent avec ce pays, ne sont pas les seuls qui souffrent de cet état de choses ; les anciens colons , à qui sont dus encore les quatre cinquièmes de l'indemnité stipulée pour eux, et les capitalistes français qui , sous l'influence et par l'excitation même de leur gouvernement , ont prêté leur argent au gouvernement d'Haïti pour payer le premier cinquième, souffrent aussi; leurs souffrances s'aggravent chaque jour , et ils sont forcés de reconnaître, comme le correspondant du *Journal du Commerce* , qu'une mesure énergique (1) de la part de la France peut seule les faire cesser.

Il est évident pour toutes les personnes qui ont suivi cette affaire , que le gouvernement d'Haïti , par son refus de ratifier le traité de 1831 , a mis le comble à l'inconvenance de sa conduite vis-à-vis la France, et qu'il a spéculé sur les embarras dans lesquels il supposait que nous aurait jetés la révolution de juillet, ainsi que sur les souvenirs de la désastreuse expédition de 1802 , car ce traité de 1831 (par lequel on ne lui demandait plus 150 millions, payables en cinq ans, mais seulement quatre millions par an , sans intérêts et sans garantie) était bien plus avantageux

(1) Cet avis est aussi celui de l'auteur d'une lettre pleine d'intérêt, sur le même sujet, insérée dans *la Revue de Paris* du 15 Novembre 1831.

pour Haïti que celui que le gouvernement de ce pays avait consenti à souscrire en 1830, et par lequel il se soumettait, 1° à payer l'intérêt du capital sur le pied de 3 pour cent l'an ; 2° à faire un fond pour amortir le capital ; 3° à affecter en garantie le produit de ses douanes.

Le refus de ratifier le traité de 1831, fondé sur ce que M. Saint-Macary n'était pas accrédité auprès de Louis-Philippe, est évidemment un prétexte en même temps qu'un manque d'égards pour le gouvernement de Juillet, puisque, on le répète, Haïti souscrivit, sous Charles X, à des conditions moins avantageuses ; c'est, sans doute, pour se montrer conséquent à cette conduite, que le Président d'Haïti a refusé son *exequatur* aux lettres de Louis-Philippe, qui accréditaient un consul français auprès de la république.

Pour faire ressortir toute l'inconvenance de la conduite du gouvernement d'Haïti à l'égard de la France, il suffira de récapituler les faits qui ont précédé et suivi le traité de 1831.

Louis XVIII avait voulu rétablir Saint-Domingue sous sa domination ; il avait eu l'espoir de ramener à l'obéissance, par la menace ou la persuasion, les chefs qui se partageaient l'autorité dans cette ancienne colonie ; les tentatives qui furent faites dans ce but, depuis 1814 jusqu'en 1818, n'avaient eu aucun succès ; elles furent renouvelées en 1821, lorsque le général Boyer eut réuni à la république la partie de l'île sur laquelle régnait Christophe, ainsi que l'autre partie qui appartenait à l'Espagne ; mais alors il n'était plus question de rétablir l'autorité du roi de France dans une ancienne colonie; on proposait au président de reconnaître l'indépendance d'Haïti sous la suzeraineté du roi de France, et on demandait des indemnités pour le territoire et les propriétés particulières ; Boyer repoussa la suzeraineté et fit revivre l'offre d'une indemnité qui avait été faite par son predécesseur (1) ; il offrait en même temps à la France des avantages commerciaux. Deux ans se passèrent sans qu'il fut donné suite aux négociations. En 1823, Boyer à son tour, fit des tentatives pour les reprendre ; des ouvertures furent faites indirectement; les conférences eurent lieu à Bruxelles; la France abandonnait la prétention à la suzeraineté et se bornait à réclamer les indemnités qui lui avaient été offertes ; mais le négociateur haïtien n'avait pas de pouvoirs pour en traiter, et la négociation fut de nouveau rompue; elle fut reprise directement en 1824 : deux commissaires haïtiens arrivèrent à Paris au mois de Juin de cette année; ils proposèrent au gouvernement de reconnaître l'indépendance d'Haïti par une ordonnance royale, cette forme étant la seule, dirent-ils, qui put inspirer une entière confiance au peuple haïtien, et ils renouvelèrent l'offre d'une indemnité pécuniaire et d'avan-

(1) Proclamation de Pétion au peuple et à l'armée du 3 décembre 1814. Lettre du président Boyer à M. Esmangart du 10 Mai 1821.

tages commerciaux en faveur de la France. Ces propositions furent accueillies, mais le gouvernement
français pensa que le traité ne pouvait embrasser que
la partie du territoire de Saint-Domingue qui avait
appartenu à la France, attendu que le roi de France
ne pouvait pas stipuler pour l'autre partie qui appartenait à l'Espagne ; il voulait aussi réserver à la France
la souveraineté extérieure comme une garantie, afin
de pouvoir protéger Haïti contre toute attaque dans
le cas où une puissance étrangère aurait voulu l'in-
quiéter ; ces difficultés, auxquelles les commissaires
haïtiens n'étaient pas préparés, firent rompre la négociation (1).

Les choses restèrent dans cet état jusqu'en 1825 ;
le commerce français ne pouvait pénétrer à Haïti que
sous des pavillons empruntés ; il y était assujeti à des
droits de douane supérieurs à ceux des autres nations ;
ses marchandises payaient 12 pour cent à l'entrée et
12 pour cent à la sortie, tandis que les Anglais n'en
payaient que 7, et étaient mieux traités dans les éva-
luations ; les denrées de Saint-Domingue n'étaient
pourtant soumises en France qu'aux droits de ses
propres colonies. Cet état de choses était onéreux en
même temps qu'humiliant pour la France ; il ne pouvait pas durer : il provoqua l'ordonnance royale du
17 avril 1825.

Par cette ordonnance, dégagée de toute restric-

(1) Recueil des pièces relatives à la négociation de 1824,
publié à Haïti en Octobre 1824.

tion politique, le Roi de France concédait aux habitans de la partie française de Saint-Domingue l'indépendance pleine et entière de la métropole, en leur imposant l'obligation de verser, à la caisse des dépôts et consignations, en France, la somme de 150 millions de francs destinée à dédommager les anciens colons (1) ; cette ordonnance portait aussi que les droits perçus, tant à l'entrée qu'à la sortie des ports d'Haïti, sur les navires et les marchandises, seraient égaux pour tous les pavillons, à l'exception du pavillon français, en faveur duquel ces droits seraient réduits de moitié.

M. le baron de Mackau, capitaine de vaisseau, fut chargé de porter l'ordonnance royale à Haïti; il y arriva le 3 juillet à bord de la frégate *la Circé;* les stations navales des Antilles et du Brésil avaient eu ordre d'appuyer, au besoin, cette mission; les conférences s'ouvrirent de suite, et, le 8 juillet, le président d'Haïti, après avoir consulté plusieurs membres du sénat et les principaux officiers de la république, écrivit à M. de Mackau, qu'il acceptait, au nom du peuple d'Haïti, l'ordonnance du Roi, et qu'il allait faire les dispositions nécessaires pour qu'elle fût entérinée avec la solennité convenable ; cette formalité eut lieu le 11 juillet, et, le même jour, le président de la république annonça cet événement au peuple et à l'armée

____

(1) Ce versement devait être réalisé, en cinq années, par cinq paiemens égaux chacun de 30 millions, dont le premier devait s'effectuer le 1er Décembre 1825.

par une proclamation conçue dans des termes qui ne pouvaient pas laisser le moindre doute sur la franchise de la réconciliation ; depuis ce jour, jusqu'au 20 du même mois, que M. le baron de Mackau quitta le Port-au-Prince, les fêtes se succédèrent sans interruption. La joie manifestée par la population prouva qu'elle sentait tout le prix du bienfait qui lui était accordé.

M. le baron de Mackau revint en France au mois de septembre 1825 ; il était accompagné de trois commissaires haïtiens, chargés de négocier un emprunt pour satisfaire aux conditions de l'ordonnance du 17 avril, et d'ouvrir des négociations pour un traité de commerce entre les deux pays.

Le premier soin des trois commissaires fut de déposer leurs pouvoirs à la Banque de France ; ils publièrent ensuite le prospectus de l'emprunt projeté , après en avoir obtenu l'autorisation du ministre des finances.

Tous les journaux qui, à cette époque, étaient considérés comme les organes du gouvernement (le *Moniteur* entr'autres) proclamèrent, à l'envi, les avantages qui devaient rejaillir sur le commerce français du rétablissement des rapports avec Haïti ; ils s'attachèrent surtout à engager les capitalistes français à entrer dans l'emprunt projeté ; toute la haute banque de Paris se mit en mouvement pour obtenir la préférence de cette excellente affaire, que l'on disait être enviée par les Anglais ; les commissaires haïtiens furent sollicités d'ouvrir leur emprunt pour la totalité des 150 millions ; la bonne étoile des prêteurs voulut qu'ils n'empruntassent que ce qu'il leur fallait pour compléter le versement du premier cinquième , c'est-à-dire 24 millions : cet emprunt fut fait à 80 pour cent ; Le gouvernement d'Haïti s'egageait à rembourser aux prêteurs 30 millions dans l'intervalle de 25 ans, un 25me chaque année, et à servir, jusqu'au remboursement, un intérêt annuel de 6 pour cent. En attendant que le gouvernement d'Haïti pût faire des remises pour le service des intérêts et de l'amortissement de son emprunt, le ministre des finances de France avait autorisé la compagnie adjudicataire à en faire les avances.

Conformément aux instructions qui leur avaient été données par le président de la république, les commissaires haïtiens conclurent, au mois d'octobre, avec MM. de Saint-Cricq et de Mackau , commissaires nommés par le gouvernement français, une convention qui réglait les rapports commerciaux entre les deux pays, d'après les bases posées par l'ordonnance d'émancipation.

L'entérinement de cette ordonnance par le sénat d'Haïti , lui avait donné toute laforce d'un contrat synallagmatique , bientôt corroboré par le commencement d'exécution résultant du versement à la caisse des consignations des fonds nécessaires à l'acquittement du premier cinquième.

Le gouvernement français s'était empressé, après le retour de M. de Mackau, d'envoyer un consul général à Haiti , pour mieux constater par là, aux yeux de toutes les nations, la reconnaissance de l'indépendance de cette ancienne colonie ; M. Malher y arriva en cette qualité, à la fin de Novembre 1825 ; de leur côté, les commissaires haïtiens y furent de retour vers la fin de la même année, rapportant le contrat d'emprunt des 24 millions et les conventions qui réglaient les rapports commerciaux.

Le sénat reconnut, comme dette nationale, l'indemnité stipulée par l'ordonnance royale du 17 avril ; décréta un impôt spécial et la mise en vente des biens nationaux, pour en appliquer le produit à la libération d'Haïti envers la France (1) ; mais des difficultés s'étant élevées au sujet des conventions commerciales, M. Meslay, capitaine de vaisseau, commandant *La Médée*, fut, conjointement avec M. Malher, chargé de les applanir ; ils ne purent y réussir : l'époque prescrite pour le paiement du second cinquième (31 décembre 1826) arriva, et les fonds ne se trouvèrent pas faits pour l'acquitter ; le gouvernement d'Haïti manquait, ainsi, aux conditions du contrat ; il n'en donna d'autre motif si ce n'est qu'il était dans l'impuissance de les remplir ; il ne s'était pas encore libéré, alors, complètement du premier cinquième, car son emprunt ne lui avait produit que 24 millions, et les valeurs qu'il avait envoyées pour faire le complément des 30 millions n'avaient produit qu'environ 5 millions 300,000 francs.

(1) Cette affectation spéciale est rappelée textuellement dans la teneur des obligations de l'emprunt de 1825.

Les choses demeurèrent dans cet état jusqu'en 1828, au mois de septembre, époque à laquelle un commissaire haïtien (M. Saint-Macary) arriva en France ; il était envoyé pour s'entendre directement avec le ministre des affaires étrangères, sur les points du traité de commerce qui faisaient encore difficulté, et pour demander une prorogation de délai au paiement des 120 millions restant dus sur l'indemnité, en offrant de payer l'intérêt de cette somme sur le pied de 3 pour cent l'an, et de constituer un fonds d'amortissement pour le capital, avec garantie; toutes les difficultés furent bientôt applanies, car le gouvernement français avait le désir bien prononcé de terminer cette affaire; de son côté, M. Jacques Laffitte, en sa qualité de banquier de la république d'Haïti, prévint le public, par une lettre adressée au rédacteur du journal du Commerce, et insérée dans le numéro du 1er octobre 1828: «Qu'une négociation allant s'ouvrir pour
» la liquidation de la dette d'Haïti envers la France,
» cette circonstance le portait à différer le tirage de la
» troisième série de l'emprunt. (1) » Le gouvernement français accorda toutes les facilités demandées pour le paiement des 120 millions sous la condition des garanties offertes; M. Saint-Macary partit, et le consul de France à Haïti, reçut des instructions pour achever, avec le président de la république, ce qui avait été commencé à Paris avec le commissaire haïtien ; de nouvelles conventions furent arrêtées au mois d'a-

______

(1) Cette suspension de paiement dure depuis lors.

vril 1829, entre le consul-général de France et le président de la république ; il fut convenu, par ces préliminaires, que les intérêts de commerce et de navigation seraient établis, entre les deux nations, sur le pied de la plus parfaite réciprocité, et, quant au paiement des 120 millions restants dûs sur l'indemnité, il fut établi :

1° Que l'intérêt de cette somme, sur le pied de 3 pour cent l'an, serait payé au gouvernement français, de six mois en six mois ; 2° qu'un fonds d'amortissement serait créé pour éteindre la dette ; 3° que le produit des douanes d'Haïti restaît hypothéqué au paiement de cette dette en capital et intérêts.

Le gouvernement français, à qui ces conventions préliminaires avaient été soumises par le consul, fatigué des lenteurs qu'éprouvait la conclusion de cette affaire et voulant faire cesser les incertitudes dans lesquelles elles tenaient le commerce, envoya à Haïti un conseiller d'état (M. Pichon), avec le caractère de plénipotentiaire, pour conclure, sur ces bases, le traité définitif ; il admettait par-là deux modifications essentielles à l'ordonnance d'émancipation : 1° délai indéterminé pour le paiement des 4 cinquièmes de l'indemnité consentie en faveur des colons ; 2° abandon du demi-droit de douane et de tonnage stipulé en faveur du commerce français.

Le gouvernement français fut, sans doute, déterminé à ce sacrifice par la certitude qu'il avait acquise de l'impossibilité dans laquelle se trouvait le gouvernement d'Haïti de remplir rigoureusement les conditions auxquelles ce gouvernement avait assujéti le pays; l'abandon du demi-droit devait surtout lui faciliter les moyens de se libérer.

M. Pichon arriva au Port-au-Prince au mois d'avril 1830; il s'occupa aussitôt, de concert avec le consul-général de France, de la rédaction du traité de commerce et de navigation, et de la convention définitive relative aux 120 millions restant dus sur l'indemnité. Tout paraissait terminé à la commune satisfaction, lorsqu'une difficulté, qui n'avait pu être prévue par les commissaires français, fit échouer la négociation : on a vu qu'il avait été convenu, dès l'année précédente, d'après les propositions portées à Paris par M. Saint-Macary, en 1828, et acceptées par le ministre des affaires étrangères, que le paiement des 120 millions restans dus serait garanti par le produit des douanes d'Haïti; pour réaliser cette garantie, un article de la convention définitive portait que le président de la république ferait remettre, de six mois en six mois, au consul de France, des rescriptions à son nom, à son ordre, et à 20 jours de vue, sur les caisses des douanes d'Haïti, dont la valeur n'excéderait pas 200 *piastres fortes d'Espagne* effectives, valant chacune 5 fr. 40 c., et que ces rescriptions seraient reçues en paiement de tous les droits de douane et de navigation dans tous les ports de la république, par tous redevables sans exception, nationaux ou étrangers; le président ne voulut pas consentir à ce que les souscriptions fussent libellées en *piastres fortes d'Espagne*, par le motif que la piastre d'Espagne était une monnaie étrangère aux deux nations contractantes.

Le commissaire Français crut devoir tenir à l'énonciation de *piastres fortes d'Espagne*, afin de prévenir les difficultés qui pourraient s'élever lorsqu'il s'agirait d'évaluer la somme de francs portée par les rescriptions, en monnaie courante d'Haïti, qui est une monnaie dont la valeur intrinsèque est de beaucoup inférieure à la valeur nominale.

M. Pichon revint en France, et le gouvernement d'Haïti, inquiet sans doute des suites que pouvait avoir cette nouvelle rupture, envoya de nouveau M. Saint-Macary à Paris pour tacher de renouer la négociation; il était à peine arrivé que la révolution de 1830 éclata, et ce ne fut que vers la fin de cette année qu'il put se mettre en communication avec les ministres du nouveau gouvernement; M. Pichon fut chargé de reprendre la négociation; les conférences se prolongèrent jusqu'au mois d'avril 1831, et, le 2 de ce mois, de nouveaux arrangemens furent conclus avec le commissaire Haïtien; ces arrangemens consistèrent en un traité d'amitié, de commerce et de navigation, fondé sur le principe de la plus parfaite réciprocité, et une convention financière, d'après laquelle la dette d'Haïti fut établie sinsi qu'il suit :

1° 120,700,000 fr. pour le montant des quatre derniers cinquièmes de l'indemnité de 150 millions et du restant dû sur le premier.

2° 4,840,000 pour les avances faites, par le

trésor public de France, pour le service de l'emprunt.

3° 27,600,000 pour les obligations de l'emprunt restant à rembourser.

4° 5,796,000 pour les arrérages de 3 ans et demi dus sur cette dernière somme, à partir du 1er juillet 1828, jusqu'au 31 décembre 1831.

Haïti avait proposé et promettait d'employer, chaque année, à l'acquittement de cette dette, à partir du 1er janvier 1832, une somme de 4 millions de francs, dont deux devaient être employés, par préférence, au service de l'emprunt; il s'engageait en outre à rembourser au trésor public, dans l'intervalle de temps à s'écouler jusqu'au 31 décembre 1835, les avances qu'il avait faites pour le service de l'emprunt, avec intérêt à 3 pour cent l'an. Pour faciliter la libération d'Haïti, on était convenu que le gouvernement de ce pays pourrait livrer des tabacs jusqu'à la concurrence de 500,000 francs par an, à des prix qui seraient amiablement convenus; M. Saint-Macary quitta Paris aussitôt après la conclusion de ce traité; il prit passage à bord de la corvette française *l'Hébé*, qui conduisit à Haïti M. Pichon fils, envoyé par le gouvernement auprès du consul-général de France, chargé de remettre au président de la république les traités ratifiés par le Roi, et de les renvoyer en France, revêtus de la ratification du président.

Il était permis de penser qu'après tant de concessions faites successivement, on était enfin arrivé à une conclusion ; cependant, on avait appris que le président de la république, sans attendre le résultat des transactions de son commissaire à Paris, avait supprimé, au grand dommage de notre commerce, le privilége du demi-droit que l'ordonnance d'émancipation réservait au pavillon français ; cette mesure inopinée qui dérogeait, sans la participation de la France, aux conditions de l'ordonnance, ne pouvait qu'affaiblir la confiance qu'avaient dû inspirer les derniers arrangemens.

On ne tarda pas, en effet, à avoir la confirmation de ce sinistre pressentiment ; elle fut apportée au mois d'août de la même année (1831) par M. Mollien, consul-général de France à Haïti, qui avait quitté le Port-au-Prince à cause du refus fait par le président de ratifier les traités signés à Paris par M. Saint-Macary ; et, bientôt après son arrivée, on lut dans les journaux une proclamation du président de la république, à la date du 12 juin, par laquelle il rendait compte des négociations, et exposait les motifs pour lesquels il avait refusé sa ratification ; on y lisait : « que la république avait fait des efforts » inouïs (1) pour accomplir ses engagemens, et » qu'elle avait consenti aux plus grands sacrifices, » sans que les négociations eussent rien produit de

____

(1) Les efforts inouïs qu'a fait Haïti, depuis sept ans, pour remplir ses engagemens, consistent dans le versement de 5 millions 500,000 francs à la caisse des consignations : et cependant on sait qu'il y a actuellement 10 millions de francs en réserve au trésor public d'Haïti.

» favorable au pays, dont la situation n'avait fait que
» s'aggraver depuis 1825 ; que les négociations re-
» prises en 1829 n'eurent aucun résultat, parce que
» la clause du traité favorable à la république fut en-
» core un obstacle à sa conclusion ; et que, s'étant
» décidé cependant à envoyer un commissaire à
» Paris, pour tâcher de les renouer, cet agent n'avait
» point encore été admis à discuter la proposition
» qu'il était chargé de faire lorsque la révolution de
» juillet éclata ; que dès-lors, d'une part, l'agent haï-
« tien à Paris n'avait pas mission pour traiter avec le
» nouveau gouvernement, et, d'un autre côté, on dut
» concevoir à Haïti l'espoir que le nouveau gouverne-
» ment français, fondé sur un système plus libéral,
» condamnerait les exigences exhorbitantes du gou-
» vernement déchu ; que, conséquemment, le prési-
» dent de la république n'avait pas dû ratifier ce que
» son agent n'avait pu faire qu'en outrepassant sa
» mission. » Cette proclamation finissait par une
exhortation aux Haïtiens de se préparer aux événe-
mens que la *haine* et l'*injustice* pourraient susciter.

Un pareil résultat, qui renversait les justes espé-
rances que l'on avait fondées sur les derniers arrangemens faits avec M. Saint-Macary, dut allarmer tous
les intérêts qui se rattachaient à cette affaire, car, désormais, ce n'était plus un débiteur qui demandait à
son créancier du temps pour acquitter sa dette ; c'é-
tait la dette elle-même qu'il mettait en question.
Dans cet état de choses, les colons, ainsi que les personnes intéressées dans l'emprunt de 1825, menacés

d'une spoliation complète, en violation de la foi so-
lennellement jurée, s'adressèrent aux ministres du
Roi pour implorer la protection du gouvernement;
ils présentèrent aussi aux chambres législatives des
pétitions qui furent accueillies avec les marques du
plus vif intérêt; ces pétitions, rapportées dans la séance
de la chambre des députés du 28 novembre 1831 (1),
donnèrent lieu à des explications très-étendues, et
l'honorable M. Laffitte déclara « que c'était à un mal
» entendu que l'on devait attribuer l'inexécution des
» traités; il dit, en même temps, qu'il pouvait affirmer
» à la chambre que, d'après les renseignemens donnés
» à la commission du budget, il y avait toute raison
» de croire que les traités par lesquels Haïti s'était
» obligé à payer 4 millions par an, seraient exé-
» cutés. »

Il fut encore question de cette affaire dans la même
session, à la séance du 29 février 1832 (2), lors de
la discussion du budget du ministre de la marine; ce
ministre, répondant au général Lamarque, qui avait
vivement représenté l'intérêt qui s'attache à la position des anciens colons de Saint-Domingue, et l'in-
jure que le gouvernement de ce pays venait de faire
à la France, par son refus de ratifier les derniers
traités, après avoir rappelé toutes les circonstances
de la négociation avec M. Saint-Macary, annonça
« que le président d'Haïti avait cherché à expli-

(1) Voir le Moniteur du 29 novembre 1831.
(2) Voir le Moniteur du 1er mars 1832.

» quer, par des communications indirectes et verba-
» les, le refus qu'il avait fait de ratifier le traité ; que
» ces explications avaient amené, de la part du gou-
» vernement du Roi, une réponse sous la forme
» d'une note verbale ; que cette note portait en prin-
» cipe que l'indemnité qu'on réclamait à juste titre de
» Saint-Domingue, n'était pas le prix de la recon-
» naissance de l'émancipation, comme le prétendait
» le président de la république, mais bien une juste
» et même insuffisante compensation des dommages
» soufferts par les anciens colons ; le ministre ajou-
» tait : qu'un gouvernement qui est fondé sur le res-
» pect des droits de tous, ne pouvait abandonner les
» droits des colons de Saint-Domingue ; que, cepen-
» dant, il ne se refuserait pas à admettre quelques
» modifications au dernier traité, pourvu qu'elles ne
» portassent pas sur le montant de l'indemnité qu'il
» était de son devoir de maintenir, parce qu'il était
» du devoir du gouvernement de protéger tous les in-
» térêts qui lui sont confiés ou qui se sont confiés à
» sa foi, et, enfin, que dans cette situation, un dé-
» lai, qui était sur le point d'expirer, avait été fixé
» pour la réponse du gouvernement d'Haïti ; que le
» gouvernement du Roi arrêterait, d'après cette ré-
» ponse, les mesures qui lui paraîtraient propres à
» amener le gouvernement d'Haïti à exécuter le traité;
» que quelques prévisions, à cet égard, étaient ins-
» crites au budget de la marine, et qu'il ne pourrait
» voir qu'à regret que la chambre y retranchât, quant
» aux armemens, une partie des précautions qu'il
» avait été de son devoir de prendre. »

La chambre s'associa, par son vote, aux intentions du ministre et approuva ses prévisions.

Dès-lors, toutes les allarmes dûrent cesser et faire place à la confiance la plus entière dans les mesures que le gouvernement croirait convenable de prendre.

Telle était la disposition des esprits, lorsqu'on apprit que la réponse attendue d'Haïti était arrivée; on en fut informé à Paris par le *Journal du Commerce* du 21 avril de cette année; ce journal annonçait, d'après sa correspondance particulière, « que le prési-
» dent Boyer avait adressé ses propositions au minis-
» tère français, et que cette mission délicate avait été
» confiée à un négociant français qui jouit de la plus
» haute considération à Haïti; il ajoutait que ce né-
» gociant était arrivé à Paris : qu'il avait remis au mi-
» nistre les dépêches dont il était porteur; que l'indis-
» position de plusieurs membres du cabinet avait
» seule empêché d'entamer de nouvelles négociations
» sur la quotité de la réduction demandée par le pré-
» sident Boyer, et que tout faisait espérer que le nou-
» veau négociateur parviendrait à surmonter toutes
» les difficultés, et à conclure entre les deux états un
» arrangement définitif. »

Quoique rien n'ait été publié officiellement au sujet de la réduction proposée par le président de la république, on parvint à savoir, cependant, qu'il demandait : 1° Que l'indemnité fixée à 150 millions par l'ordonnance d'émancipation, fût réduite de moitié et demeurât fixée désormais à 75 millions; 2° que Haïti ayant déjà versé 30 millions de francs à la caisse des consignations, ne serait plus débiteur, pour solde de l'indemnité, que de 45 millions ; 3° que, pour se libérer, tant de ces 45 millions que des 30 versés à la caisse des consignations, Haïti ferait payer, à Paris, chaque année, 2 millions de francs, dont un serait affecté spécialement à l'emprunt, et l'autre à l'indemnité, le tout sans intérêt jusqu'à l'extinction du capital de la dette, et sans préjudice des autres ressources qui pourraient être affectées à l'amortissement de l'emprunt ; 4° enfin, qu'indépendamment de ce versement annuel, Haïti rembourserait au trésor public les 4 millions 840,000 fr. dont il avait fait l'avance pour le service de l'emprunt jusqu'au 30 juin 1828.

Ainsi la France, quoiqu'ayant marché de concessions en concessions dans ses négociations avec le gouvernement d'Haïti, n'avait point encore satisfait à toutes les exigences de ce gouvernement; d'autres épreuves étaient réservées à sa longanimité ; elle devait encore subir l'humiliation d'un refus, après avoir mis le comble à la générosité, refus d'autant plus scandaleux, qu'il ne saurait être justifié par l'impuissance, de la part d'Haïti, d'exécuter le traité du 2 avril. On a vu, dans l'exposé qui vient d'être fait, qu'en 1828, Haïti s'était engagé à payer 3 millions 600,000 francs à titre d'intérêt seulement des 120 millions restant dus sur l'indemnité, et à remplir en outre les conditions de son emprunt, c'est-à-dire à débourser 3 autres millions par an, ce qui élevait à plus de 6 millions les remises qu'il s'engageait à faire en France chaque année ; et, en effet, c'est à ce taux, ou à peu près, que M. Larreguy, dans un Mémoire qu'il publia à son retour d'Haïti, où il avait été envoyé par les contractans de l'emprunt, évalue les économies que cette république pouvait faire sur ses recettes annuelles et consacrer à sa libération envers les colons et ses prêteurs; Haïti, selon lui, s'offrait à payer, et pouvait payer réellement, une indemnité de 6,500,000 fr. , mais ne pouvait pas davantage. Si l'on en croit même les journaux du temps, M. Larreguy, et après lui M. Laffitte, auraient été chargés de présenter cette offre au gouvernement français.

Dans un autre écrit, publié par M. Ternaux en 1825, sous le titre de *Considérations sur l'Emprunt d'Haïti, adressées à M. le duc de Larochefoucault Liancourt,* l'excédent de la recette sur la dépense est évalué de 5 à 6 millions de francs ; voici quelles sont, à ce sujet, les propres expressions de M. Ternaux :

« Le départ précipité des commissaires haïtiens leur
» a fait négliger de prendre avec eux les états des dé-
» penses ; mais ils affirment qu'elles restent de 5 à 6
» millions de francs au-dessous des recettes, et l'on
» peut les en croire, lorsqu'on sait qu'il y a actuelle-
» ment dans le trésor une réserve disponible d'une
» année et demi de revenu, c'est-à-dire, d'au moins
» 50 millions. »

On ne saurait se dissimuler que ces renseignemens, quoique puisés à des sources respectables, ne doivent être accueillis qu'avec circonspection, parce que, en premier lieu, ils se rapportent à une époque où l'on était sous l'influence de brillantes chimères ; influence à laquelle les meilleurs esprits ne pouvaient échapper ; et, en second lieu, parce qu'il s'agissait alors de faire réussir une opération financière, et qu'il se pourrait que, dans cette idée, on eût un peu renforcé les couleurs du tableau.

Il faut donc chercher d'autres données, tout en prenant note de celles-là, pour les contrôler les unes par les autres, et tâcher, au moyen de ce rapprochement, d'arriver le plus près possible de la vérité.

D'après un relevé des revenus et des dépenses de l'année 1827, que nous avons eu sous les yeux, et qui paraît avoir été fait avec des documens officiels, l'excédant des revenus sur les dépenses aurait été d'environ 672,000 gourdes ou piastres d'Haïti, qui devraient représenter 3 millions 600,000 francs, si la gourde avait toute sa valeur, qui est de 5 francs 40 centimes.

D'après un autre état, qui paraît avoir été puisé à la même source, l'année 1827 serait celle qui aurait produit le moins dans la période de 1825 à 1828 ; le revenu de 1828 aurait surpassé de plus d'un cinquième celui de 1827, et presque égalé celui de 1825, qui avait été supérieur de plus du tiers à celui de cette même année 1827.

Nous n'avons pas de données ultérieures ; mais on sait généralement que les années 1829, 1830 et 1831 (1) n'ont pas été plus mauvaises pour Haïti que

(1) D'après une lettre insérée dans la Revue de Paris du 13 novembre 1831 (page 112), Haïti pourrait disposer de 6 à 7 millions de francs par an, sans nuire à la marche de son gouvernement et à ses besoins intérieurs.

celles qui les ont précédées, et on pourrait même conjecturer qu'elles ont été meilleures, si l'on pouvait en juger par le prix du café, principale production d'Haïti, qui a progressivement augmenté, depuis lors, sur tous les marchés de l'Europe.

D'ailleurs, M. Saint-Macary, arrivé à Paris en 1830, pour obtenir du gouvernement français des conditions plus douces que celles auxquelles le président de la république, traitant avec le consul-général de France, avait souscrit en 1829, a dû mettre sous les yeux du ministre des documens officiels qui, comparés aux renseignemens fournis par le consul de France, ont dû convaincre le gouvernement français que la république d'Haïti pouvait consacrer, pour le moment, 4 millions par an à sa libération, et pourrait, dans l'avenir, y employer une plus forte somme à la faveur de ses arrangemens définitifs avec la France ; aussi, ne voit-on nulle part que la quotité de l'annuité stipulée par M. Saint-Macary ait été le sujet d'un reproche fait à ce négociateur par son gouvernement; nous pourrions même ajouter que M. Saint-Macary a quitté Paris avec l'intime conviction d'avoir obtenu, pour son pays, tous les avantages possibles, et avec l'espoir de recueillir, à son retour, les témoignages de la satisfaction de son gouvernement, au moins sous ce rapport.

Et, en effet, en admettant même que quatre millions de francs par an fussent une lourde charge pour Haïti, dans l'état présent des choses, serait-ce un motif pour retrancher encore à cette somme, lorsque ce pays peut, au moyen des économies sur les dépenses, se procurer toute l'aisance nécessaire pour faire honneur à ses engagemens? Délivré désormais de toute inquiétude du côté de l'ancienne métropole, et dans un état de sécurité parfaite, sera-t-il bien nécessaire qu'il continue à avoir sur pied une armée de 40 à 42,000 hommes, qui est hors de toute proportion avec sa population, et dont l'entretien absorbe les deux tiers du revenu public? Si la France, avec ses 33 millions d'habitans, n'entretient qu'une armée d'environ 320,000 hommes sur le pied de paix, Haïti, avec ses 600,000 habitans, ne devrait avoir, en temps de paix, qu'une armée d'environ 5 à 6,000 hommes; d'où il suit que Haïti, réduisant son armée des trois quarts ou seulement des deux tiers, trouverait, de ce côté seul, au moins un million et demi de piastres à économiser, à quoi pourrait être ajoutée l'augmentation du revenu, résultat naturel de 25 à 30 mille bras rendus à la culture et de l'accroissement des consommations et des rapports commerciaux.

M. Ternaux, dans l'écrit que nous avons déjà cité, estime « que la nouvelle existence politique d'Haïti » devait lui procurer, soit en diminution de dépenses, » soit en augmentation de recettes, une bonification » annuelle de 15 millions de francs; » et il ne faut pas perdre de vue que M. Ternaux écrivait cela en 1825, lorsque les commissaires haïtiens étaient à Paris, et probablement sur des documens qui lui avaient été fournis par eux.

Au surplus, Haïti, dût-il s'imposer quelques privations, devrait encore s'y soumettre, ainsi que doit le faire tout débiteur honnête qui n'a pas d'autre moyen de se libérer; en pareil cas, avant de faire son budget des recettes, on doit faire son budget des dépenses et y placer les dettes en première ligne. On trouve infailliblement alors les moyens de les acquitter, car ces moyens résultent de la suppression de toutes les dépenses qui ne sont pas rigoureusement nécessaires.

C'est donc à bon droit que nous avons dit, en commençant cet écrit, que le dernier traité du 2 avril 1831 faisait verser la mesure de la condescendance à l'égard d'Haïti et n'imposait de sacrifices réels qu'à ses créanciers; et, après l'examen auquel nous venons de nous livrer, de quelles expressions nous servirons-nous pour qualifier les nouvelles prétentions du gouvernement de ce pays, et notamment sa conduite envers les contractans de son emprunt? Ne nous sera-t-il pas permis de dire que la suspension, depuis près de quatre ans, du paiement des intérêts et du remboursement des séries de cet emprunt, commence à ressembler à une banqueroute? banqueroute d'autant plus honteuse qu'elle atteint de simples particuliers qui n'ont en leur puissance aucun moyen de se faire rendre ce qu'ils ont payé en l'acquit de leur débiteur; car où trouver des raisons qui puissent justifier le gouvernement d'Haïti de n'avoir pas tenu ses engagemens avec ses prêteurs, engagemens hypothéqués sur toutes les valeurs immobilières de la république (les domaines nationaux) , lorsqu'il est notoire qu'il y a en réserve, au trésor public, une somme de dix millions de francs? Aurait-on prétendu lier leur sort à celui d'une transaction relative aux quatre derniers cinquièmes de l'indemnité et au succès des négociations entamées sur le traité de commerce? Mais cette prétention serait souverainement injuste, car l'affaire des particuliers qui ont prêté leur argent au gouvernement d'Haïti est entièrement indépendante de la question politique ; et en effet si l'emprunt, au lieu d'avoir été contracté en France l'eut été en Angleterre, comme il en avait été question alors, ce gouvernement oserait-il soutenir cette prétention en face des capitalistes anglais qui auraient eu confiance en lui? C'est encore ici le lieu de citer l'écrit de M. Ternaux dont il a déjà été fait mention plusieurs fois ; on y lit, page 87 : « Haïti eût-il même des griefs à » élever contre le gouvernement français, que ces » nuages n'auraient rien d'alarmant pour les intérêts » privés ; *c'est à des particuliers que le gouvernement* » *haïtien emprunte, et une infraction aux promesses qu'il* » *ferait à des particuliers compromettrait sa cause plus* » *qu'elle ne la servirait.* » (1)

(1) C'est dans le même écrit qu'on lit, page 31 : « Tout »homme impartial demeurera convaincu *qu'il n'y a aucun* »*gouvernement sur la terre avec lequel on puisse traiter* »*avec plus de sécurité qu'avec celui d'Haïti.* » M. Ternaux était de bonne foi lorsqu'il écrivait cela ; mais il avait été fasciné sans doute, par les commissaire haïtiens.

Voudrait-on justifier cette suspension de paiemens par la perte considérable que les remises en denrées faisaient éprouver au gouvernement d'Haïti ? Mais, pour que cette considération eût quelque valeur, il aurait fallu que les créanciers d'Haïti eussent pu la faire admettre par leurs propres créanciers ; car si, pour payer leurs dettes, ils se trouvent dans la nécessité de vendre les titres dont ils sont porteurs et qu'ils n'obtiennent que 200 francs de ce qui leur en représente 800, ne pourront-ils pas, à bon droit, reprocher cette dépréciation au gouvernement d'Haïti, et lui dire qu'on ne doit reculer devant aucune perte lorsqu'il s'agit de faire honneur à ses engagemens ?

Comment pourrions-nous donc conseiller au gouvernement français de prêter l'oreille aux nouvelles propositions du gouvernement d'Haïti, lorsque ces propositions arrivent après tant de promesses faites et violées, et surtout lorsqu'elles devraient consommer, si elles étaient acceptées, la ruine des Français dont les intérêts sont liés à cette affaire? car, comment, avec 2 millions par an, satisfaire les colons et les contractans de l'emprunt? Les uns et les autres sont nantis de titres également respectables ; les uns sont porteurs de lettres de liquidation émanées du gouvernement français; les autres ont en mains les obligations du gouvernement d'Haïti, qui portent la clause suivante ; « *Le produit des domaines nationaux* (1) *de*

(1) Les domaines nationaux de la république d'Haïti sont

» *la république est affecté et hypothéqué spécialement au*
» *remboursement de l'emprunt et au service des intérêts.*»
Tant qu'il ne s'est agi que d'accorder du temps au
débiteur, le gouvernement français a dû croire qu'il
pouvait s'y prêter sans trop engager sa responsabilité ;
mais la question de temps désormais convertie en
question de propriété (puisqu'il s'agit aujourd'hui
d'une remise de la moitié de la dette) , le gouvernement français pourrait-il la résoudre contre les créanciers sans compromettre sa responsabilité? nous ne le
pensons pas ; nous ne pensons pas que le gouvernement
put, sans assumer sur lui une grave responsabilité ,
consentir à priver les colons, expropriés pour cause
d'utilité publique ou par raison d'état, de l'indemnité
préalable stipulée en leur faveur, et ce serait, en
quelque sorte , les priver de cette indemnité , que de
consentir à ne recevoir qu'un million par an pour
éteindre une dette de 120 millions , ou de réduire
cette dette de moitié en accordant soixante ans pour
payer cette moitié.

Avec les quatre millions qu'Haïti offrait, en 1831,
de consacrer à sa libération , tant envers les colons
qu'envers les contractans de l'emprunt, on pouvait
encore, au moyen de concessions réciproques, trou-

très-considérables ; presque toutes les maisons de la ville du
Cap sont du domaine national ; la vente aurait produit beaucoup d'argent, car la presque totalité des locataires se présentèrent pour acquérir ; il en serait résulté un grand accroissement
dans le nombre des propriétaires indépendans, et l'on assure
que ce fut là le véritable motif de la suspension des ventes.

ver une combinaison qui aurait, si non satisfait, du moins concilié tous les intérêts, et les négociateurs de cette époque avaient très-bien compris qu'un chiffre inférieur rendait toute combinaison de ce genre impossible; c'est sans doute aussi dans cette conviction, que l'honorable M. Laffitte affirma, dans la séance de la chambre des députés du 28 novembre 1831, ainsi que nous l'avons déjà dit : « Que la » commission du budjet avait la certitude que les trai- » tés par lesquels Haïti s'obligeait à payer quatre mil- » lions par an, seraient exécutés. »

A l'époque de l'ordonnance d'émancipation, on était, en France, dans les illusions du crédit, et l'on pensait, sans doute, qu'il devait être facile à un pays devant lequel semblait s'ouvrir un avenir brillant, de trouver, par ce moyen, de quoi suppléer à l'insuffisance de ses ressources actuelles ; c'est là du moins ce que l'on peut induire raisonnablement de l'empressement avec lequel les banquiers de Paris offrirent, aux commissaires Haïtiens, de souscrire l'emprunt pour la totalité des 150 millions ; de son côté, Haïti, en acceptant une charge si évidemment au-dessus de ses forces, avait pu se laisser aveugler sur ses propres ressources par l'impatience d'obtenir une reconnaissance qui, en consolidant son existence politique, lui donnait un rang parmi les états constitués ; peut-être aussi (comme Haïti cherche à l'insinuer) ne lui fut-il pas laissé alors toute la liberté de discuter les conditions qui lui étaient imposées.

Aujourd'hui, après sept années de négociations, les

ressources d'Haïti sont bien connues, et l'on a vu, par l'exposé qui précède, que le traité par lequel la France se contentait de 4 millions par an n'était pas au-dessus des forces de ce pays.

Tous les intérêts qui se rattachent à cette affaire doivent par conséquent être rassurés, puisqu'il y a désormais possibilité, de la part du débiteur, de se libérer, et que, d'un autre côté, le gouvernement français est fermement résolu à exiger l'accomplissement des conditions modérées auxquelles il a cru devoir consentir.

D'ailleurs, cette ferme résolution de sa part ne prend pas sa source seulement dans l'obligation où il est de protéger les interêts particuliers *qui lui sont confiés ou qui se sont confiés à sa foi* (ainsi que l'a dit à la tribune M. le ministre de la marine), elle est encore provoquée, dans cette circonstance, par le sentiment de la dignité du pays.

Le gouvernement français ne souffrira pas, sans doute, que le président de la république ait pu dire impunément (1) (et c'est encore le ministre de la marine qui nous l'apprend) « que Louis-Philippe était sans » droit pour exiger l'exécution de l'ordonnance de » 1825; et qu'un gouvernement fondé sur des princi- » pes libéraux manquerait à ces mêmes principes s'il » exigeait un prix quelconque pour la reconnaissance

____

(1) Séance de la chambre des députés du 29 février 1832, Moniteur du 1er mars

» de la liberté d'un autre peuple. » Comme si les principes libéraux pouvaient dispenser un débiteur de payer ses dettes, moins encore un gouvernement qui doit l'exemple de la morale aux peuples ; comme si la dette dont il s'agit était le prix de la liberté d'un peuple, tandis que, en réalité, elle n'est qu'un faible dédommagement stipulé en faveur de malheureux Français dépouillés de leurs propriétés : les termes de l'ordonnance de 1825 ne laissent pas le moindre doute à cet égard, de même que la loi du 30 avril 1826, qui porte que « les 150 millions seront répartis aux an- » ciens colons de Saint-Domingue, *sans aucune dé- » duction au profit de l'état.* »

Le Roi Louis Philippe serait sans droit, suivant le président d'Haïti, pour exiger l'exécution d'une ordonnance de Charles X, et cependant c'est le peuple français qui a placé Louis-Philippe sur le trône et qui lui a conféré les droits en vertu desquels il règne; et, cependant, ces droits lui sont reconnus par toutes les puissances (à l'exception toutefois de la république d'Haïti), et dans ses droits est compris, sans doute, celui d'exiger l'exécution des engagemens contractés par l'étranger envers la France.

Haïti s'est-il jamais avisé de contester à Charles X le droit de rendre l'ordonnance d'émancipation? Comment le gouvernement de ce pays s'avise-t-il donc aujourd'hui de décliner la compétence de Louis-Philippe pour demander, au nom de la France, l'exécution d'un acte auquel Haïti a adhéré? Serait-ce qu'il se refuse à reconnaître la légitimité de Louis-Philippe, ou bien (comme l'a dit le ministre de la marine à la tribune) (1) qu'il croie que la France est *sans force* pour exiger l'exécution de cette ordonnance ?

S'il avait pu appartenir à quelqu'un de contester la légalité de l'ordonnance d'émancipation, c'est, sans contredit, aux anciens propriétaires de St-Domingue, car ils auraient pu soutenir, l'histoire à la main, que la France ne pouvait pas renoncer à sa souveraineté sur St-Domingue, sans stipuler, soit la conservation des propriétés particulières, soit un délai pour les vendre, en offrant l'exemple de ce qui s'est passé lorsque l'Espagne reconnut l'indépendance de la Hollande, lorsque l'Angleterre reconnut celle des États-Unis, lorsque la France céda le Canada, la Louisiane, et, plus récemment (en 1814 et 1815), les départemens qu'elle possédait au-delà des Alpes et des Pyrénées, ainsi que les pays de la rive gauche du Rhin. Et, en effet, depuis que la barbarie a fait place à la civilisation, les traités portant cession de territoire ont toujours respecté et réservé les droits des particuliers. C'est sur ces principes qu'est fondée l'indemnité stipulée par l'ordonnance du 17 avril 1825, en faveur des anciens colons de Saint-Domingue.

Le gouvernement de Louis-Philippe a le droit et la

(1) Séance de la chambre des députées du 29 février 1832 (Moniteur du 1ᵉʳ mars).

volonté d'exiger que le traité du 2 avril soit exécuté ;
il aura au besoin, n'en doutons pas, la force d'assu-
rer son exécution, de même que, dans une circonstance récente, il a obtenu, lorsqu'il l'a voulu, la ré-
paration des dommages causés par le pouvoir arbi-
traire, à des négocians français établis à Lisbonne et
de l'outrage fait à la France dans la personne de ces
négocians.

G. P.

rue Notre-Dame-des-Victoires, n° 38.

9 782014 051575